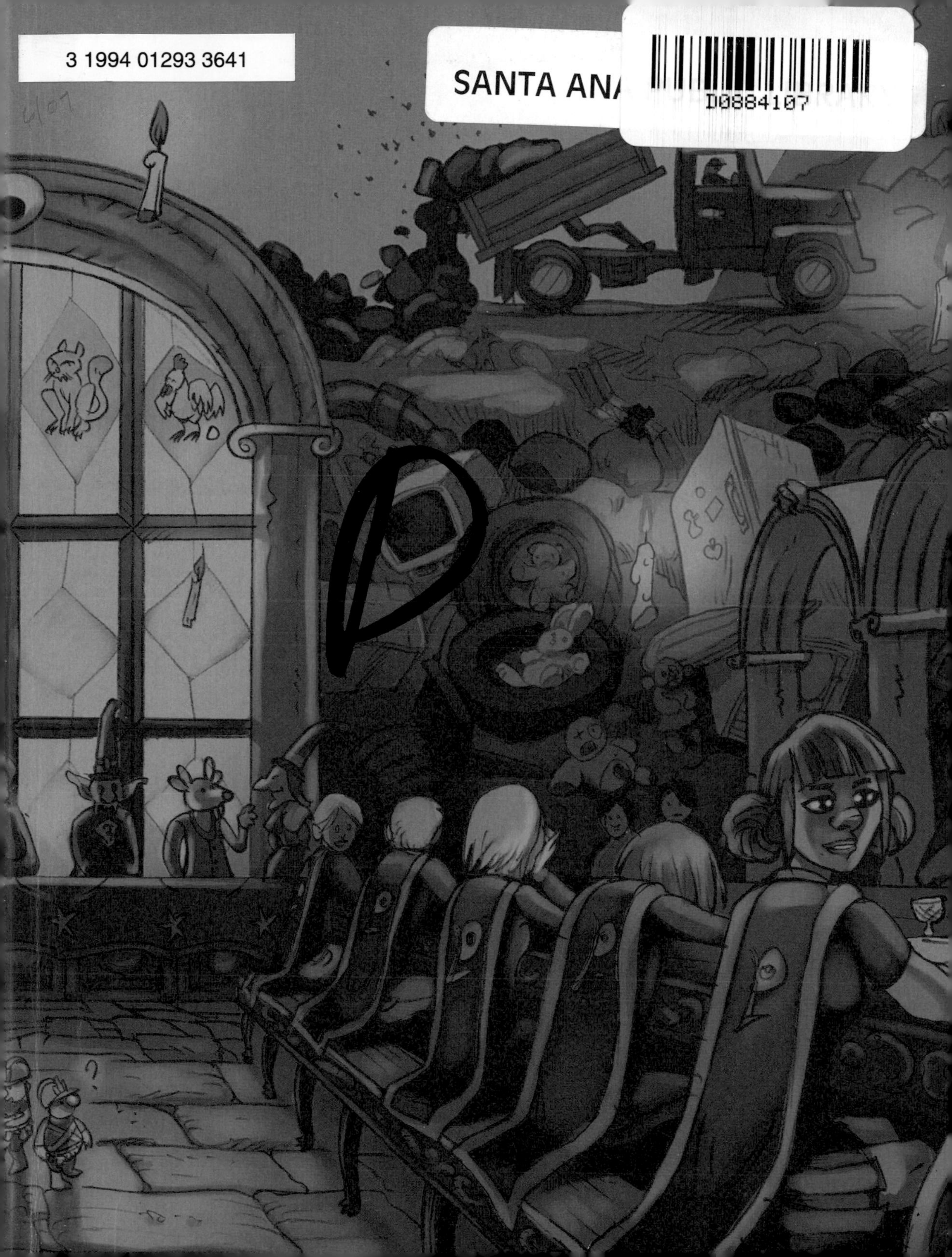

Harry Póttrez
Y LA PARODIA ENCANTADORA

Guión: **PIERRE VEYS**

Dibujo: **BAKA**

Color: **NADINE THOMAS** Y **BAKA**

NORMA
Editorial

OTROS TÍTULOS RECOMENDADOS:

LA ESPADA DE CRISTAL
Crisse y Goupil

VOLUMEN INTEGRAL

LOS MISTERIOS DE LA LUNA ROJA
Trillo y Risso

1. BRAN, EL INVISIBLE

MINIMONSTERS
David Ramírez

EL VENENO DE PORCELANA

LAS AVENTURAS DE TOM
Daniel Torres

2 VOLÚMENES

Gracias a Sylvie Batelier por sus sabios consejos y la ayuda constante e inestimable a lo largo de la elaboración de este álbum.

P.V.

A Canelle, Gaëtan y Marinette "la belette".
Gracias al Molusco Cósmico por su repertorio interminable de Adel y de cacahuetes, a Sir John por el empujón inicial, y a todos los que han apoyado el JukeBox humano.

B.

Gracias Jérôme Muzard por su ayuda.
Y gracias a Poulpie, por la asistencia técnica y su paciencia inconmensurable.

HARRY PÓTTREZ Y LA PARODIA ENCANTADORA
Título original: "Harry Cover. L'Ensorcelante Parodie", de Veys, Baka y Thomas.
Primera edición: diciembre 2005.
© 2005 — Guy Delcourt Productions — Veys - Baka.
© 2005 Norma Editorial por la edición en castellano.
Passeig de Sant Joan 7 - 08010 Barcelona.
Tel.: 93 303 68 20 - Fax: 93 303 68 31.
E-mail: norma@normaeditorial.com
Traducción: María Ferrer. Rotulación: Drac Studio.
Depósito legal: B-39716-2005. ISBN: 84-9814-470-1.
Printed in the EU.

www.NormaEditorial.com

HARRY PÓTTREZ ES UN CHICO COMO TODOS LOS DEMÁS.

Y COMO LOS DE SU MISMA EDAD, VA AL COLEGIO.

EJEM... ESE DE AHÍ NO ES HARRY PÓTTREZ...

?

SEPA USTED, SEÑOR WILLOUGHBY...

AH, YA DECÍA YO...

the bloody

...QUE EN NOTHESTAMPES NO ES HABITUAL LLEVAR TATUAJES DE CAMIONERO DE LIVERPOOL. AUNQUE SEA USTED NUEVO, YA DEBERÍA SABERLO.

PERO SEÑOR PROFESOR...

EL DEL FONDO LLEVA UNO EN LA FRENTE.

AHÍ ESTÁ: ÉSTE ES HARRY PÓTTREZ.

¿HARRY PÓTTREZ? EL SUYO ES UN CASO DISTINTO.

ESO FUE UN ACCIDENTE, O FUE DE NACIMIENTO, NO LO RECUERDO, PERO NO LO LLEVA PORQUE QUIERA.

Guillermo III the bloody bas...

Y TAMPOCO ME GUSTA QUE CONTESTE DE ESE MODO, WILLOUGHBY... ME ESCRIBIRÁ UNA REDACCIÓN DE SEIS PÁGINAS SOBRE LA HISTORIA DEL TATUAJE. CON LAS CONSONANTES EN AZUL Y LAS VOCALES EN GÓTICO.

BIEN, SIGAMOS.

¡ME LAS PAGARÁS, PÓTTREZ!

GUILLERMO III DESEMBARCÓ EN INGLATERRA Y...

...OBLIGÓ A JORGE II A REFUGIARSE EN FRANCIA.

YO EN TU LUGAR NO ME METERÍA CON PÓTTREZ.

PERO SI ES UN MONGOLO, ME LO CARGO CON UNA MANO. ADEMÁS, ¿A TI QUÉ TE IMPORTA?

EL QUE AVISA...

DRIIIIIIIINNNNG

¡EH, TÚ!

¡PÓTTREZ!

?

QUIERO DECIRTE DOS PALABRITAS.

4

¿DOS? PUES QUÉ GRAN ESFUERZO DE ORATORIA, WILLOUGHBY.

¡¿QUÉ?!

JAJAJAJA

AUNQUE UN TANTO INSUFICIENTE INCLUSO PARA UN PRIMATE. "OYE, DAME UN PLÁTANO" TIENE CUATRO.

TE VAS A ENTERAR, PEDAZO DE...

¡EH!

¡TOMA!

¡THUMP!

¡¿LOS CORDONES DE MIS...?!

¿PERO CÓMO...?

TE LO ADVERTÍ.

5

DOS HORAS DESPUÉS, SALE DE CLASE.

NOTHESTAMPES

AND WHEN I THINK THAT I'M ALONE, IT SEEMS THERE'S MORE OF US AT HOME...

POF
¡HARRY PÓTTREZ!

¡HA VIOLADO LA LEY OTRA VEZ!

¡ESTÁ TERMINANTEMENTE PROHIBIDO UTILIZAR LA MAGIA EN EL MUNDO DE LOS MUGGRES!

¡Y HA EMPLEADO UNA VARITA MÁGICA DE RESORTE, ¡PROHIBIDA TAMBIÉN! ¡SON DOS INFRACCIONES DEL REGLAMENTO!

A MÍ ME GUSTA ¡ES PRÁCTICA Y DISCRETA!

¡TCHACK!

¡INFORMARÉ A LAS AUTORIDADES, PÓTTREZ!

POF

¿Y A TI QUÉ TE PASA QUE ESTÁS TAN NERVIOSO?

ESO NO ES ASUNTO SUYO, ¿SE ENTERA?

EJEM.

ME VEO OBLIGADO A IGNORAROS PORQUE SE ACERCA UNO DE MIS COMPAÑEROS.

¿HABLABAS CON ALGUIEN?

PERO SI ESTOY SOLO, YA LO VES.

6

QUERÍA AVISARTE DE QUE HE VISTO A WILLOUGHBY SALIR CORRIENDO. HA DADO LA VUELTA PARA INTERCEPTARTE EN LA ESQUINA.

QUÉ CABEZOTA, EL COLEGA.

¡NO LE DIGAS QUE TE HE AVISADO!

TRANQUI, MARTIN. ¡Y BUENAS VACACIONES!

?

SI TE EMPEÑAS EN METERTE CON HARRY PÓTTREZ, TE LAS HARÁ PASAR CANUTAS, MI POBRE WILLOUGHBY...

AAAAAAAaahh

¿OTRO HECHIZO? ¡YA LLEVA TRES! ¡¡ESTO ES INADMISIBLE!!

Salud
¿El tampón engorda?

Belleza
¿Quieres tener el pecho como Janet?

Moda
¿A qué edad hay que ponerse sujetador?

Moda
¿Liguero o panty?

QUÉ VA, SI SÓLO LE HA DEMOSTRADO QUE HAY CHISPA.

7

BUENO, TENGO QUE IRME, QUE VIENE EL BUS. A MENOS QUE QUERÁIS CONTINUAR LA CONVERSACIÓN DELANTE DE ESOS MUGGLES.

¡GRRR! ¡ESTO NO QUEDARÁ ASÍ! ¡PRESENTARÉ UN INFORME!

¡BUENA IDEA! ¡TÚ DICTAS Y YO ESCRIBO LO QUE SE ME PASE POR LA CABEZA!

DESPUÉS DE UN DURO DÍA DE CLASE, NO HAY NADA COMO VOLVER AL DULCE HOGAR.

AUNQUE LO DE "DULCE HOGAR" NO ES LA EXPRESIÓN MÁS ADECUADA PARA EL ENTORNO FAMILIAR DEL POBRE HARRY.

¡AHÍ ESTÁ HARRY PÓTTREZ!

TÍO VERRUGÓN, TÍA REPUGNIA.

VEN, HIJITO, NOS OCUPAREMOS DE TI.

POBRE...

¿QUÉ OCURRE?

HACÍA TODAS LAS TAREAS DOMÉSTICAS: LIMPIABA, COCINABA..., Y AL POBRE CASI LO MATABAN DE HAMBRE. ESO ES ESCLAVITUD MODERNA, ¡NO TE QUEPA DUDA!

PERO SI NI SIQUIERA ES NEGRO.

LE OBLIGABAN A DORMIR DEBAJO DE LA ESCALERA, COMO AL PRÍNCIPE CARLOS.

¡ESO ES DE LOS MISERABLES, QUE HE VISTO EL MUSICAL!

¿QUÉ SERÁ DE MIS PADRES? ¿Y DE MI HERMANO CHUNGLEY?

NOS LOS LLEVAMOS.

¡COMPÓRTESE, JENKINS!

AL MENOS ES LO QUE DEBERÍAMOS DE HACER.

TENDRÁN QUE RESPONDER ANTE EL CARGO DE MALOS TRATOS A MENORES.

¿AH, SÍ? NO ME PARECE MAL.

¿Y ADÓNDE ME LLEVAN?

CON TU NUEVA FAMILIA ADOPTIVA, TODO ESTÁ ARREGLADO.

...Y CUANDO SE NOS INFORMÓ DE TU SITUACIÓN, NOS PROPUSIMOS ADOPTARTE...

...PORQUE TIENES VÍNCULOS FAMILIARES CON LOS ATKINS.

¿EN SERIO?

HAY TANTAS COSAS QUE IGNORO...

ME SIENTO COMO SI HUBIERA VIVIDO EN UN ARMARIO TODOS ESTOS AÑOS...

ESPERO QUE NO TE HAYA... TRAUMATIZADO LO OCURRIDO.

¿SE REFIERE AL ARRESTO DE MIS INDIGNOS PADRES?

A VER QUE ME LO PIENSEEEE... NO.

PERO SUPONGO QUE SABEN USTEDES QUE SOY... EJEM...

¿...UN MAGO?

SÍ, NO TE PREOCUPES, ESTAMOS AL CORRIENTE. NOS HA INFORMADO DE ELLO UN DUENDE, BASTANTE MAL HABLADO, POR CIERTO, QUE NOS HA CONTADO TODO LO DEL MUNDO DE LA MAGIA, CON EL QUE COHABITAMOS SIN SABERLO. ALGO ASÍ COMO LA MAFIA, VAMOS.

PERO NUESTROS HIJOS, QUE SON TUS PRIMOS, NO SABEN NADA.

SON UN POCO DELICADOS Y SE DESESTABILIZAN CON FACILIDAD. NO HEMOS QUERIDO CONMOCIONARLOS MÁS DE LO QUE YA LO ESTÁN.

AH, ¿ESTÁN ENFERMOS?

NO, LAMENTABLEMENTE ES PEOR AÚN: SON ADOLESCENTES.

Y CLIFFORD, NUESTRO MAYORDOMO, TAMPOCO LO SABE. SERÍA CAPAZ DE DIMITIR SI SE ENTERASE.

TAMBIÉN NOS HAN DICHO QUE DURANTE LAS VACACIONES Y LOS FINES DE SEMANA TIENES QUE ASISTIR A CLASES EN LA ESCUELA DE BRUJERÍA GUARRATH'S.

BUENO SÍ, PERO NO ES OBLIGATORIO.

SÍ QUE LO ES; TAMBIÉN NOS ADVIRTIERON DE QUE DIRÍAS ESO.

VAYA POR DIOS.

ALGO MÁS TARDE...

¿QUIERES CONOCER A TUS PRIMOS ANTES DE SUBIR A TU CUARTO?

SERÁ UN PLACER.

DÍMELO CUANDO LOS HAYAS VISTO.

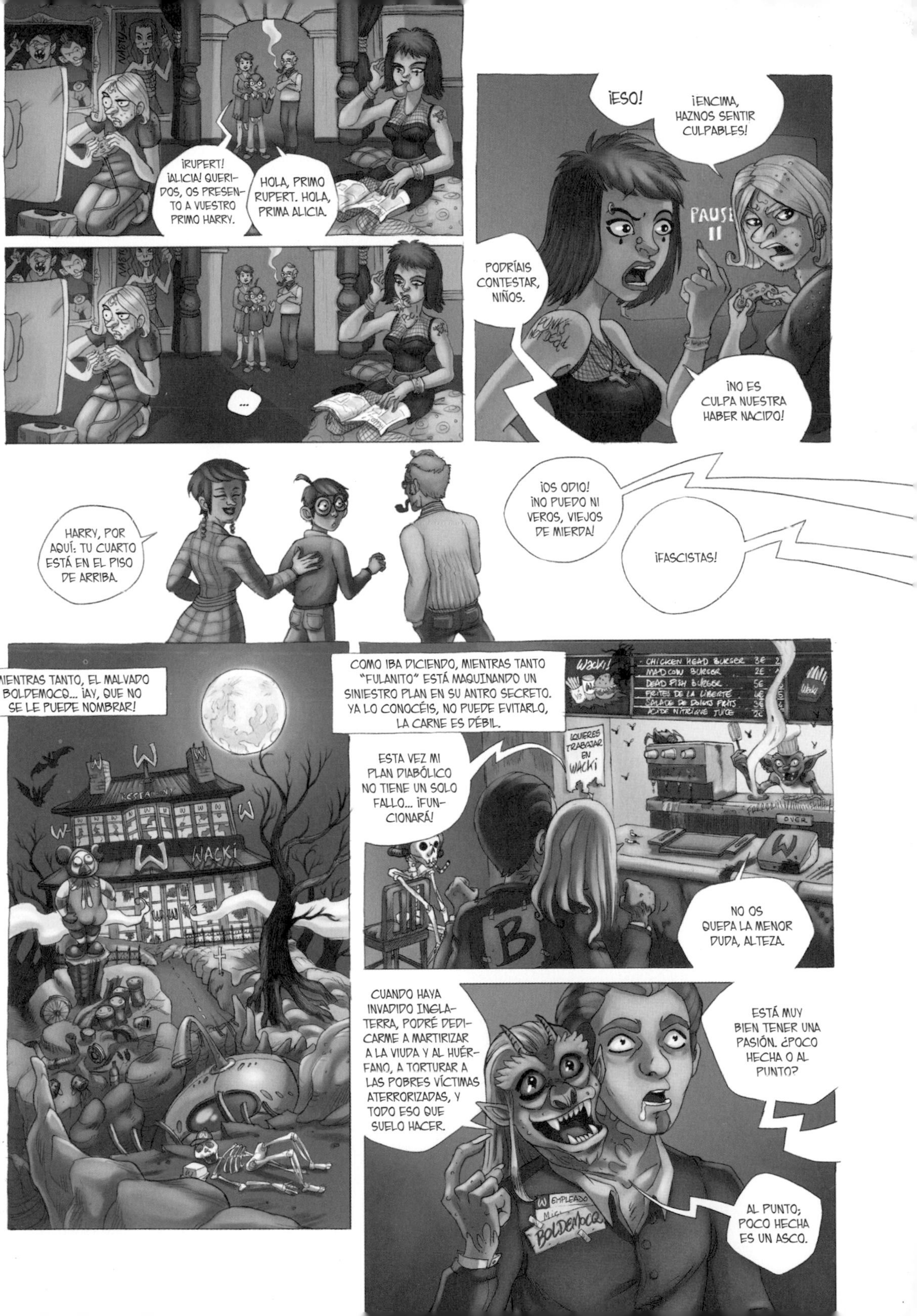
¡RUPERT! ¡ALICIA! QUERIDOS, OS PRESENTO A VUESTRO PRIMO HARRY.
HOLA, PRIMO RUPERT. HOLA, PRIMA ALICIA.
...
¡ESO!
¡ENCIMA, HAZNOS SENTIR CULPABLES!
PAUSE
PODRÍAIS CONTESTAR, NIÑOS.
PUNK'S NOT DEAD
¡NO ES CULPA NUESTRA HABER NACIDO!
HARRY, POR AQUÍ: TU CUARTO ESTÁ EN EL PISO DE ARRIBA.
¡OS ODIO! ¡NO PUEDO NI VEROS, VIEJOS DE MIERDA!
¡FASCISTAS!
MIENTRAS TANTO, EL MALVADO BOLDEMOCQ... ¡AY, QUE NO SE LE PUEDE NOMBRAR!
RESTAURANT
WACKI
COMO IBA DICIENDO, MIENTRAS TANTO "FULANITO" ESTÁ MAQUINANDO UN SINIESTRO PLAN EN SU ANTRO SECRETO. YA LO CONOCÉIS, NO PUEDE EVITARLO, LA CARNE ES DÉBIL.
WACKI!
CHICKEN HEAD BURGER 3€
MAD COW BURGER
DEAD FISH BURGER 5€
FRITES DE LA LIBERTÉ
SALADE DE DOIGTS FRITS
ACIDE NITRIQUE JUICE
¿QUIERES TRABAJAR EN WACKI
ESTA VEZ MI PLAN DIABÓLICO NO TIENE UN SOLO FALLO... ¡FUNCIONARÁ!
OVER
NO OS QUEPA LA MENOR DUDA, ALTEZA.
CUANDO HAYA INVADIDO INGLATERRA, PODRÉ DEDICARME A MARTIRIZAR A LA VIUDA Y AL HUÉRFANO, A TORTURAR A LAS POBRES VÍCTIMAS ATERRORIZADAS, Y TODO ESO QUE SUELO HACER.
ESTÁ MUY BIEN TENER UNA PASIÓN. ¿POCO HECHA O AL PUNTO?
EMPLEADO
BOLDEMOCQ
AL PUNTO; POCO HECHA ES UN ASCO.

NO, LE PILLARÁ POR SORPRESA. INCLUSO ÉL IGNORA LA OPERACIÓN OVERLORD. NO SOSPECHA NADA, EL ANGELITO.

Y DIGO YO, ¿NO OS DA MIEDO QUE PÓTTREZ VENGA A METER LAS NARICES EN VUESTRO FANTÁS-TICO PLAN?

JAJAJAJAJAJAJAJA

AQUÍ TENÉIS, ALTEZA. TODO UN FESTÍN DE REYES.

¡VIVA LA VIDA DE PALACIO!

ME AGRADA OÍROS REÍR ASÍ, AMO... LA ÚLTIMA VEZ FUE CUANDO EL FÉRETRO DE VUESTRO HERMANO MENOR SE CAYÓ DEL COCHE FÚNEBRE. ¡FUE LA BOMBA!

QUE APROVECHE, AMO.

POCO DESPUÉS, EN LO MÁS PROFUNDO DE LA FRÍA, LÚGUBRE Y FANTASMAL FINLANDIA...

P. CHRISTMASS PROPERTY

JODER, NORMAN, ¿TE VAS A PASAR LA VIDA EN EL RETRETE O QUÉ?

PERNELL, MENUDO EJEMPLO ESTÁS DANDO A LOS NIÑOS CON ESE LENGUAJE.

¡¿DE QUÉ?!

NO DEJARÉ QUE EN MI CASA DICTE LA LEY UNA PANDILLA DE RENOS DEGENERADOS. ¡SERÁ POSIBLE!

DÉJALO, VERNON, SE HA LEVANTADO CON EL PIE IZQUIERDO.

BBRRRRRROOOOOOSSOOHHHHHHH

VAYA TELA, TÍOS.

NO ESPERABA TARDAR TANTO... HABRÉ COMIDO ALGUNA PLANTA EN MAL ESTADO.

¿ALGUNA PLANTA? PARA MÍ QUE TE HAS ZAMPADO UNA SETA ROJA CON TOPOS BLANCOS.

NO TE PASES, ABDULLAH, QUE NO SOY UN YONQUI.

A PROPÓSITO, PODRÍAIS DEJAR DE CULTIVAR MOVIDAS EN MI CABAÑA.

¡PERO SI SÓLO LA USAS UNA VEZ AL AÑO!

NO ES EXCUSA.

NI AUNQUE LA NAVIDAD SE HAYA CONVERTIDO EN UNA FIESTA VENIDA A MENOS QUE ACABARÁN POR SUPRIMIR, TODO ES CULPA DE HALLOWEEN...

Y DALE CON EL TEMITA...

HALLOWEEN ES UNA FIESTA PARA TARADOS, LE QUEDAN DOS DÍAS.

ES CULPA VUESTRA: ME TRAÉIS MALA SUERTE DESDE CHERNÓBIL.

Y ADEMÁS ME ABRO, MIRA LO QUE TE DIGO. ¡ME TENÉIS HARTO!

QUÉ SIMPÁTICO ESTÁS HOY, ¿NO?

¡ESO! VE A ESCRIBIR OTRA CARTA ANÓNIMA, QUE SEGURO QUE TE TRANQUILIZA.

¡VLAM!

Y PENSAR QUE ANTES ERA ÉL QUIEN RECIBÍA CARTAS... BUENO, ¿TERMINAMOS LA PARTIDA O QUÉ? VOY A SAQUEAR TUS AHORROS.

TODA TUYA. YO TENGO QUE IR A VOMITAR.

MÁS TARDE...

BIEN, YA ESTÁ. ¿A QUIÉN SE LA ENVÍO?

A VER... ¡ANDA! ¿Y A ÉSTE?

¡ADIVINA ADIVINANZA! ¿QUIÉN SERÁ EL QUE RECIBA UNA CARTA ANÓNIMA DE PAPÁ NOEL?

VARIOS DÍAS DESPUÉS, EL CARTERO HACÍA SU TRABAJO...

HOLA, SEÑOR.

HOLA, CHAVAL.

SÍ, PORRÓN, HARRY ESTÁ ARRIBA ¿LE SUBES EL CORREO?

CLARO, SEÑORA ATKINS.

ENTONCES, ¿TE VA GUAY CON TUS PADRES ADOPTIVOS?

NO ESTÁN MAL, PERO RUPERT Y ALICIA SON UN POCO MARCIANOS.

¿MALAS NOTICIAS? ¿TE DEJA LA CHURRI?

NO, ES UNA AMENAZA DE ATENTADO PARA LA NOCHE DE HALLOWEEN.

"ESA CELEBRACIÓN TIENE QUE ACABAR, TARADOS, ¡O LA MONTO GORDA [CENSURADO] CE NAVIDAD DE LOS CE NES! ¡YA VERÉIS CUANDO ABRA LAS PUERTAS DEL INFIERNO, JA, JA, JA!"

¡OH!

PUES PINTA CHUNGO, LA VERDAD.

¡PORRÓN, TENEMOS QUE EVITARLO! ¡VAMOS A GUARRATH'S A AVISARLOS A TODOS!

VALE. DAME UN MINUTO PARA COGER EL CEPILLO DE DIENTES Y LA GILLETE, Y NOS VAMOS.

14

Y ENTONCES ~~BOLDEMOCO~~ "MENGANITO" RECIBE UNA MALA NOTICIA.

¡¿CÓMO DICES?!

PERO... ¿CÓMO ES POSIBLE? NO PODÍA ENTERARSE DE NINGUNA MANERA... TENÍA TODOS MIS PLANES BIEN OCULTOS... ¡NO ES JUSTO!

SÍ, SERÁ ESO. LO HE REVELADO TODO HABLANDO EN SUEÑOS.

¡DUERMO SOLO, IDIOTA!

ERES TÚ EL QUE SE HA IDO DE LA LENGUA, ¿VERDAD? ¡CONFIESA, ABORTÓN!

¡PAF! ¡PAF! ¡PAF!

LA PURA VERDAD, JEFE: ALGUIEN HA ADVERTIDO A HARRY PÓTTREZ DE QUE PRETENDEMOS INTERVENIR EN LA FIESTA DE HALLOWEEN.

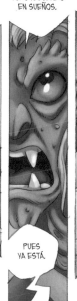

PUES YA ESTÁ.

NO, PERO ASÍ ES LA VIDA, AMO. A LO MEJOR HABLA EN SUEÑOS.

SI QUIERE LE PRESENTO A UNA AMIGA.

QUE NO, AMO, LE JURO QUE...

¿HAS PODIDO AVERIGUAR ALGO SOBRE ESE ASUNTO DE HALLOWEEN?

NO, NADIE SABE NADA. TODO DEPENDE DE MÍ: TENGO QUE EVITAR UNA CATÁSTROFE DE LA QUE NO SÉ CASI NADA.

LA VERDAD ES QUE LAS CARTAS ESAS NO DAN MUCHA INFORMACIÓN. PODRÍAN SER UN POCO MÁS PRECISAS, DIGO YO.

¿ES ÉSTE? ¿STAIRWAY TO HEAVEN?

NO, ÉSTE. HIGHWAY TO HELL.

ESO. JO, ES QUE SIEMPRE ME CONFUNDO.

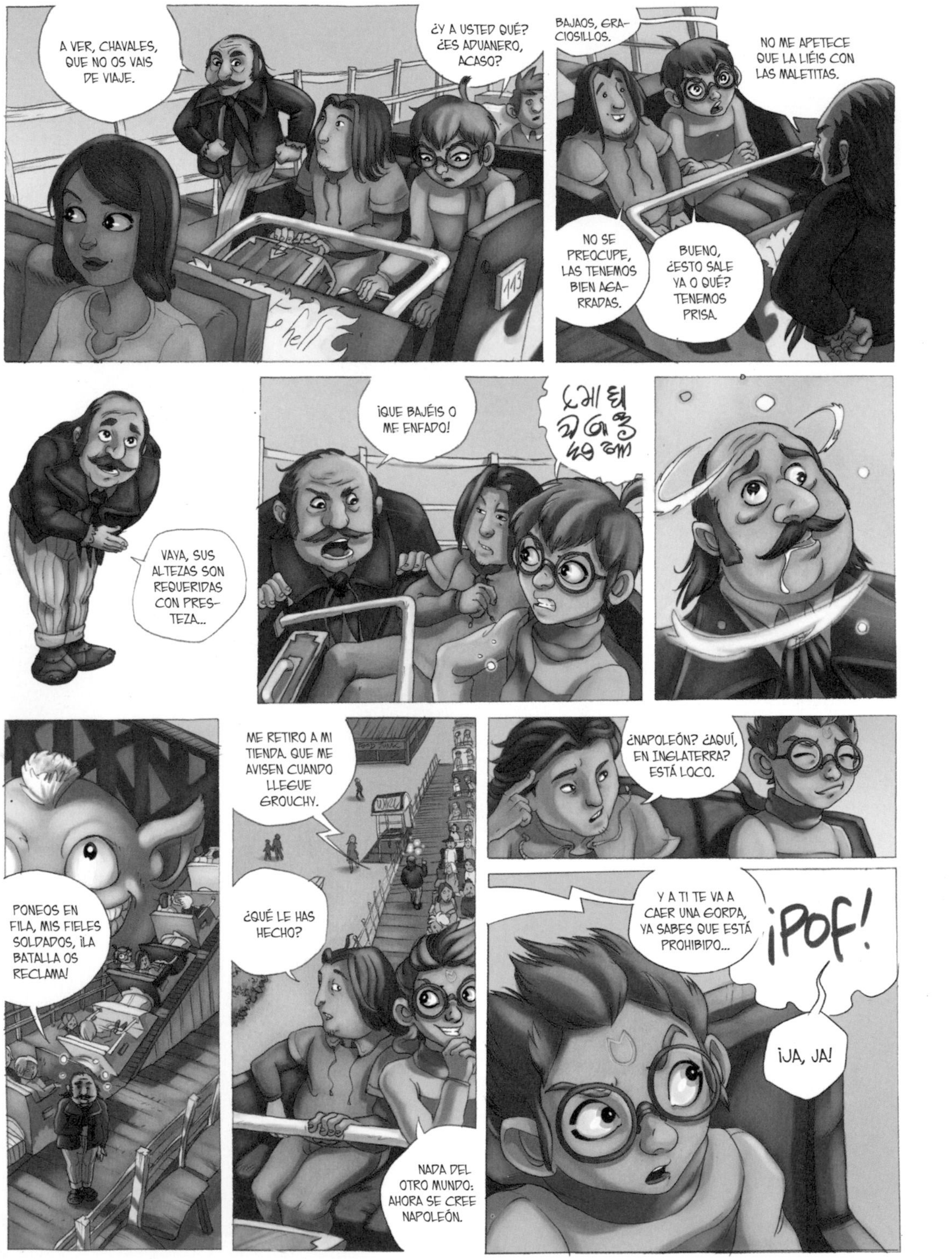
A VER, CHAVALES, QUE NO OS VAIS DE VIAJE.
¿Y A USTED QUÉ? ¿ES ADUANERO, ACASO?
BAJAOS, GRACIOSILLOS.
NO ME APETECE QUE LA LIÉIS CON LAS MALETITAS.
NO SE PREOCUPE, LAS TENEMOS BIEN AGARRADAS.
BUENO, ¿ESTO SALE YA O QUÉ? TENEMOS PRISA.
VAYA, SUS ALTEZAS SON REQUERIDAS CON PRESTEZA...
¡QUE BAJÉIS O ME ENFADO!
PONEOS EN FILA, MIS FIELES SOLDADOS, ¡LA BATALLA OS RECLAMA!
ME RETIRO A MI TIENDA. QUE ME AVISEN CUANDO LLEGUE GROUCHY.
¿QUÉ LE HAS HECHO?
NADA DEL OTRO MUNDO: AHORA SE CREE NAPOLEÓN.
¿NAPOLEÓN? ¿AQUÍ, EN INGLATERRA? ESTÁ LOCO.
Y A TI TE VA A CAER UNA GORDA, YA SABES QUE ESTÁ PROHIBIDO...
¡POF!
¡JA, JA!

¡AHORA SÍ QUE PUEDO PASAR UN INFORME!

¿LO VES?

TRANQUILO, SE NOS DESPEGARÁ ENSEGUIDA.

¿CÓMO? PERO SI VOY A...

HUY, QUÉ RÁPIDO VA ESTE TRASTO...

HABÍA UNA VEZ UN BARQUITO CHIQUITITOOOOO...

BLGHH... QUE ME DA...

¿QUÉ OS COSTABA ESPERAR?

POF

¡GRRL!

¡JA! SIGUE TENIENDO EL ESTÓMAGO DELICADO.

¡YA HEMOS LLEGADO!

¡PATRÓN! TENGO AMPOLLAS EN LOS DEDOS, ¿PUEDO HACER UNA PAUSA?

SÍ, HOMBRE, O VACACIONES PAGADAS, SI TE PARECE. YA TE HAN COMIDO LA CABEZA EN LA CGT,* ¿NO?

*CGT: CONFEDERACIÓN GENERAL DE TROLLS.

¿OTRA MANI?

EL ÍNDICE DE LA CALABAZA SE HA VENIDO ABAJO Y TODA LA ECONOMÍA SE RESIENTE. PERO ES QUE TAMPOCO ERA MUY AGUDO ESO DE LA MONOCULTURA, TODO HAY QUE DECIRLO.

¡SI SIGUEN ASÍ, LOS TENDREMOS QUE PARAR!

¡NO A LA SUBIDA DEL PRECIO DEL PAN!

¡ABAJO LAS CADENCIAS INFERNALES!

ESPERO QUE EL CONSERJE Y ESE CERBERO QUE TIENE NO NOS VEAN...

Y SOBRE TODO TENGAMOS CUIDADO DE NO PISAR UNA DE SUS TREMENDAS PLASTAS.

GUARRATH'S

GUARRATH'S

¡TÚ DELANTE!

¿EH? ¿POR QUÉ YO?

¡QUE VAYAS DELANTE!

DESPEJADO, TIENE PARA RATO.

APROVECHAREMOS PARA IR A LA ZONA PROHIBIDA.

El conserje está en la escalera

HAY QUE AVISAR A DONFERVOR DE LA AMENAZA QUE SE...

GGROOOOAAARR

¡MALDICIÓN! ¡EL CERBERO DEL CONSERJE!

GROOOO

AAAAAAAAAA

AAARRRRR

¡SE ME HA PEGADO COMO UN MEJILLÓN, HAZ ALGO!

FROTT FROTT

SCHPLAASH

FIRE emergency

?

Conserje

WHIIIN WHIIIN

¡ADOLF! ¡MI PEQUEÑÍN!

AUUUUUUU

¿PERO QUÉ TE HAN HECHO?

PUAJ, HUELES A MEADO QUE ALIMENTA.

¿Y ME LO DICE EL QUE METIÓ LA JETA EN LA OLLA DE ACEITE DE FREÍR?

HEMOS LLEGADO SANOS Y SALVOS AL DESPACHO DE DONFERVOR.

BUENO, LO DE SANOS... PORQUE YO HE SUFRIDO UNA AGRESIÓN SEXUAL.

¿TENGO BIEN EL PELO? ES QUE COMO ES TAN ESTRICTO CON LA IMA-GEN... ¿TENGO ESPI-NILLAS O ALGO?

ADELANTE...

PASAD, SIN MIEDO...

¿QUÉ OS TRAE POR AQUÍ, PEQUEÑOS? ¿NO HABÉIS HECHO LOS DEBERES? VAYA, VAYA...

¡UNA TERRIBLE AMENAZA SE PERFILA EN EL HORIZONTE, PROFESOR! ¡LEA ESTA CARTA!

"SE PERFILA EN EL HORIZONTE"... LA VIRGEN, ¡QUÉ ESTILO!

EN ESTE COLEGIO SÍ QUE SE APRENDE... VÍCTOR HUGO AL LADO DE ÉSTOS NO ERA MÁS QUE UN PAYASO.

¡PROFESOR! ALGUIEN PLANEA INTERVENIR EN LA FIESTA DE HALLO-WEEN, Y PARECE QUE VA EN SERIO. ¡PODRÍA SER UN ATENTADO!

¿SÍIII? NO ME DIGAS.

HABRÍA QUE INVESTIGARLO...

PODRÍA SER... VOY A INTENTAR LEERLO EN LAS BURBUJAS.

¿LAS BURBUJAS?

SACA LAS COPAS, SUPERFÉNIX.

¡POP!

SÍ, SOY VIDENTE DE KIR ROYAL.

¿Y BIEN?

NO ACABO DE VER NADA... ME HAS PUESTO DEMASIADO JARABE DE GROSELLA.

NO PASA NADA, VOLVAMOS A EMPEZAR.

PERO SIN DESPERDICIARLO, CLARO.

POR MÍ... LA VERDAD ES QUE ESTOY SECO.

SEGUNDO ENSAYO.

SIGO SIN VER NADA. OTRA VEZ.

DESPUÉS DE VARIOS ENSAYOS.

AHORA YA VEO ALGO...

¿LO SABE YA?

LO SABE.

SÍ, SE TRATA DE... ¡BOLDEMOCO!

¡ADIÓS!

¿Y LO HA VISTO EN LAS BURBUJAS?

NO, AHÍ, EN EL CALENDARIO "MALOS Y GOLPES FRUSTRADOS" DEL "PLAY WIZARD".

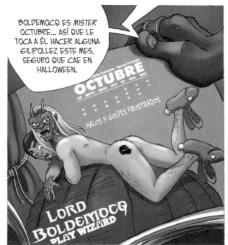

BOLDEMOCO ES MISTER OCTUBRE... ASÍ QUE LE TOCA A ÉL HACER ALGUNA GILIPOLLEZ ESTE MES. SEGURO QUE CAE EN HALLOWEEN.

OCTUBRE
HALOS Y GOLPES FRUSTRADOS

LORD BOLDEMOCO
PLAY WIZARD

Y DESPUÉS, ¿QUIÉN VA?

MI CUÑADO. Y ESTE AÑO, NOS CANTARÁ *NOCHE DE PAZ* EL CO-RONEL GADDAFI.

¿NO VIENE NADA SOBRE EL GOLPE QUE PLANEA?

ES UN CALENDARIO, NO UN PERIÓDICO OFICIAL.

PERO ¿QUÉ PODEMOS HACER, PRO-FESOR?

NO SÉ, PROPONGO UN TRAGO PARA ACLARARNOS LAS IDEAS.

MÁS TARDE, EN LA BOLERA SECRETA DE BOLDEMOCO.

CATACOMB'S BOWLIN'

¿QUÉ?

PUES ESO.

ME CAGO EN... ¡STEPHEN, VEN AQUÍ!

AQUÍ ESTOY, MI AMO.

ESTOY ACABANDO UNA TARTA RICA RICA, NO ME QUEDA NADA.

¡ESA IDEA TUYA TAN IDIOTA DEL CALENDARIO HA PUESTO A PÔ-TIREZ SOBRE LA PISTA!

PERO SI LA IDEA FUE SUYA, AMO, VIO EL DE LOS CAMPEONES DE RUGBY Y EM-PEZÓ CON EL FITNESS PARA...

Y ENCIMA CONTESTÓN, EL BICHO ESTE...

¡AY!

NO, AMO... ¡PIEDAD!

STRIKE!

HARRY Y PORRÓN ESTÁN EN EL COMEDOR DE GUARRATH'S. A MENUDO, SE ALEGRA ESTA SOBERBIA SALA CON UNA MAGNÍFICA DECORACIÓN MÁGICA.

¿QUÉ NOS HAN PUESTO HOY DE DECO- RACIÓN?

UN VERTEDERO GIGANTE DE MANILA.

MAÑANA QUIEREN PONER EL DESAGÜE GENERAL DE LAS CLOACAS DE HONG KONG.

QUÉ GLAMOUR.

QUÉ PALO, VIENE HORMONA.

TE HE OÍDO, PORRÓN.

O SEA QUE POR FIN TE HAN SACADO LOS TAPONES. ENHORABUENA.

¿QUÉ ME CONTÁIS, CHICOS?

QUE HAY UN EMBARGO SOBRE LAS MERLUZAS Y TU PRESENCIA AQUÍ ES ILEGAL.

HARRY RESUME RÁPIDAMENTE LA SITUACIÓN A HORMONA.

SABEMOS QUE SERÁ EN HALLOWEEN Y QUE BOLDEMOCO ESTÁ IMPLICADO. PERO NO SABEMOS DE QUÉ SE TRATA, PORQUE DONFERVOR NO HA PODIDO VERLO EN LAS BURBUJAS.

Y ESO QUE ERA UN ES- PUMOSO DE LOS BUENOS, SEGÚN ÉL.

SEGURO QUE ATA- CARÁ LA ESCUELA.

LOS CA- PULLOS SE ATREVEN A TODO.

¿TÚ CREES QUE SE ATREVERÁ?

¡MIRA! ¡EL CORREO!

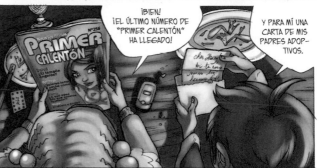

¡BIEN! ¡EL ÚLTIMO NÚMERO DE "PRIMER CALENTÓN" HA LLEGADO!

Y PARA MÍ UNA CARTA DE MIS PADRES ADOPTIVOS.

GENIAL. VIENE UN ARTÍCULO SOBRE CÓMO RELLENAR EL "SUJE" CON UNA LATA DE CONSERVA.

DI- CEN QUE SE ALEGRAN DE HABERME ADOPTADO...

...PORQUE DESGRAVA.

LAS MEDIAS DE REJILLA SE PONEN DE MODA. ¡SUPERCHACHI!

¿QUÉ HAS RECIBIDO TÚ, PORRÓN?

¡CROAC!

¡ADIVINA!

MÁS TARDE, NUESTROS AMIGOS ASISTEN A LA LECCIÓN DEL SIMPÁTICO PROFESOR NAIPES.

HOY OS VOY A HACER SUDAR TINTA, PANDILLA DE MAJADEROS.

¡JUAJUAJUAJUAJUA!

COMO HABRÉIS NOTADO, SE ACERCA HALLOWEEN A PASOS AGIGAN- TADOS Y...

¿QUÉ OCURRE, PÓTTREZ?

ES SOBRE HALLOWEEN, PRECISAMENTE.

¿ALGÚN PROBLEMA CON SU DISFRAZ? ¿O ES QUE NO PUEDE QUITARSE LAS OREJAS POSTIZAS DEL AÑO PASADO?

EH... NO.

HAY QUE EVITAR QUE SE CELEBRE LA FIESTA A TODA COSTA...

¡SEÑOR! ¡TRANCO MALAFOYA ME HA LANZADO UN HECHIZO!

¡CHIVATO!

¡ACUSICA! ¡PAYASO!

¿OSA ACUSAR A ESTE NIÑO, QUE ES UN MODELO DE INTEGRIDAD?

¿Y TU MA- DRE QUÉ TAL MEA?

JODER, TÍO. CLARO QUE SÍ, PROFE, ESTÁ INTENTANDO MAQUILLAR MI INTEGRIDAD. ¡RACISTA DE MIERDA!

PÓTTREZ, DEBERÍA DARLE VERGÜENZA INTENTAR MANCILLAR LA REPUTACIÓN DE SUS COM- PAÑEROS.

PERO...

EMPEZAMOS LA CLASE CON LA LISTA DE DISFRACES OFICIALES.

ESCUCHE, NO DEBEMOS CONFIARNOS CON LO DE LA FIESTA, PORQUE...

¿QUIÉN ME LOS SABRÍA CITAR?

¡AY!

PERO...

EL LOBO FEROZ.

BIEN. ¿QUÉ MÁS?

¡SEÑOR, ES MUY IMPORTANTE! HAY QUE... JI, JI, JI...

¡DE VERDAD, DEBERÍA-MOS...!

¡¡UFF!!

¡PUF!

BUENO, YA ESTÁ BIEN, PÓTTREZ. NO ME DEJA DAR CLASE: CARA A LA PARED Y CASTIGADO.

¿CARA A LA PARED? MUY VISTO PARA SER GUARRATH'S.

SIGAMOS.

AH, BUENO, VALE.

¿LAS CHI-CAS SE PUEDEN DISFRAZAR DE ENFERMERAS SIN NADA DEBAJO DE LA BATA?

¡FUERA DE CLASE, SPENCER!

HE PENSADO EN ELLO Y...

PUES CLARO, CON TODA LA SANGRE QUE SE TE HA SUBIDO A LA CABEZA...

YA QUE NO SABEMOS DE DÓNDE VENDRÁ EL ATAQUE, NOS VEMOS OBLIGADOS A LUCHAR A CAPA Y ESPADA CONTRA LOS PREPARATIVOS DE LA FIESTA.

TENEMOS QUE SABOTEARLO TODO.

GUAY, ES MI ESPECIALIDAD.

GRACIAS.

¿SABOTEAMOS LAS EXISTENCIAS DE CALABAZAS?

¡QUÉ BUENA IDEA!

¿VES COMO A VECES USAS LA CABEZA?

SI NUNCA HE DICHO QUE NO LA USARA.

NUESTROS TRES AMIGUITOS ACUDEN AL LUGAR DONDE SE ALMACENAN LAS VALIOSÍSIMAS CUCURBITÁCEAS.

HAY QUE DARSE PRISA... PODRÍAN SORPRENDERNOS.

¿Y POR DÓNDE EMPEZAMOS?

EMPIEZA TÚ POR AHÍ MISMO.

AQUÍ ESTÁN...

¡VAYA TELA!

¿POR QUÉ YO?

PORQUE HA SIDO IDEA TUYA.

AH, ENTONCES VALE.

¡FLOUTCH!

PLOOTCH

¡SPLURT!

QUÉ FUERTE, HACES EL MISMO RUIDO QUE CUANDO COMES.

NO ESTÁ MAL.

HORMONA, MIRA ESTA CALABAZA.

¿QUÉ LE PASA?

QUE ESTÁ MADURA.

PSCHIII

¡FLOB!

MUY ORIGINAL Y LÚDICO, PERO DEMASIADO LENTO.

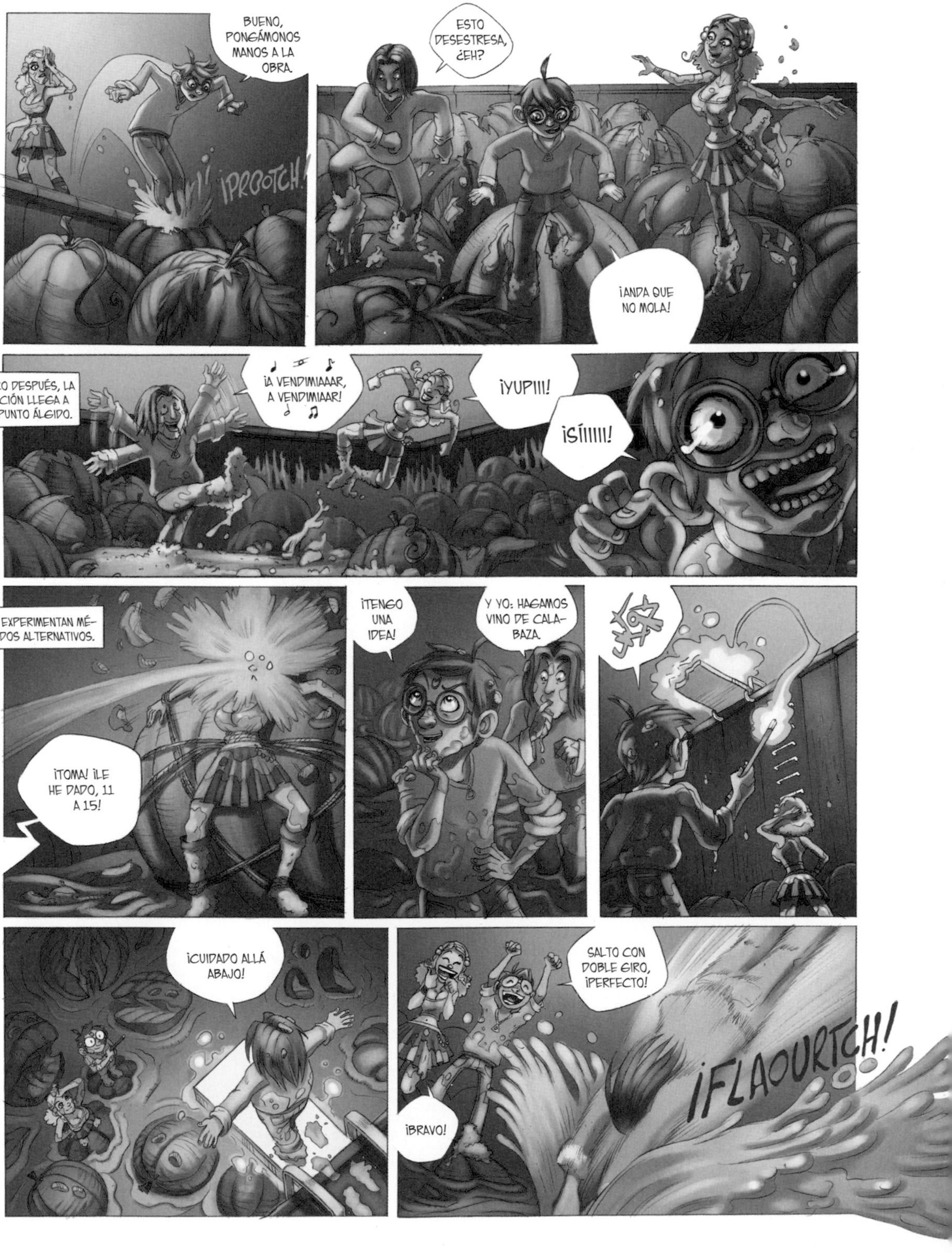

BUENO, PONGÁMONOS MANOS A LA OBRA.
¡PROOTCH!
ESTO DESESTRESA, ¿EH?
¡ANDA QUE NO MOLA!
POCO DESPUÉS, LA ACCIÓN LLEGA A SU PUNTO ÁLGIDO.
¡A VENDIMIAAAR, A VENDIMIAAR!
¡YUPIII!
¡SÍIIIII!
SE EXPERIMENTAN MÉTODOS ALTERNATIVOS.
¡TOMA! ¡LE HE DADO, 11 A 15!
¡TENGO UNA IDEA!
Y YO: HAGAMOS VINO DE CALABAZA.
¡CUIDADO ALLÁ ABAJO!
SALTO CON DOBLE GIRO, ¡PERFECTO!
¡BRAVO!
¡FLAOURTCH!

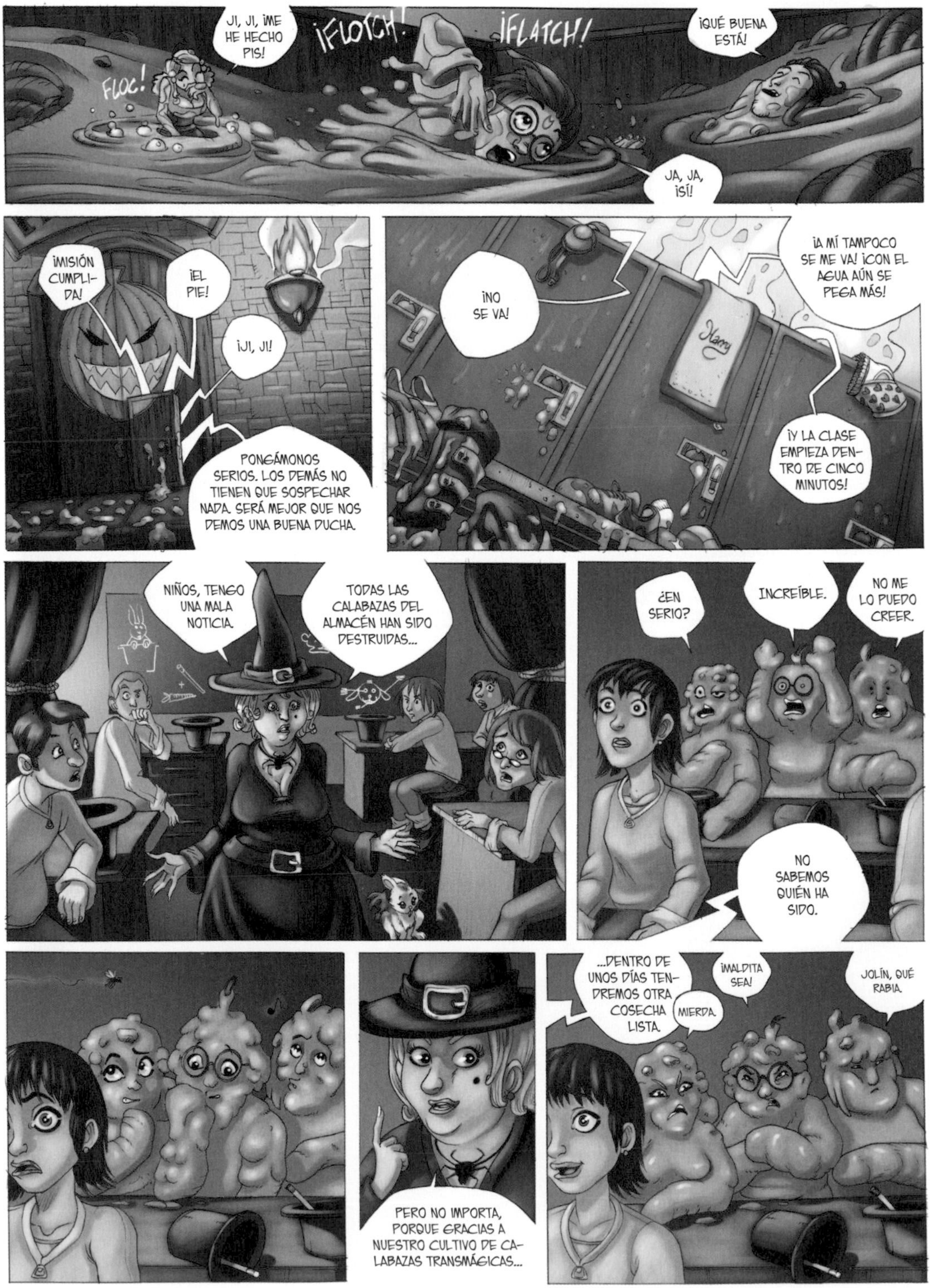
FLOC!
JI, JI, ¡ME HE HECHO PIS!
¡FLOTCH!
¡FLATCH!
¡QUÉ BUENA ESTÁ!
JA, JA, ¡SÍ!
¡MISIÓN CUMPLIDA!
¡EL PIE!
¡JI, JI!
PONGÁMONOS SERIOS. LOS DEMÁS NO TIENEN QUE SOSPECHAR NADA. SERÁ MEJOR QUE NOS DEMOS UNA BUENA DUCHA.
¡NO SE VA!
¡A MÍ TAMPOCO SE ME VA! ¡CON EL AGUA AÚN SE PEGA MÁS!
¡Y LA CLASE EMPIEZA DENTRO DE CINCO MINUTOS!
NIÑOS, TENGO UNA MALA NOTICIA.
TODAS LAS CALABAZAS DEL ALMACÉN HAN SIDO DESTRUIDAS...
¿EN SERIO?
INCREÍBLE.
NO ME LO PUEDO CREER.
NO SABEMOS QUIÉN HA SIDO.
PERO NO IMPORTA, PORQUE GRACIAS A NUESTRO CULTIVO DE CALABAZAS TRANSMÁGICAS...
...DENTRO DE UNOS DÍAS TENDREMOS OTRA COSECHA LISTA.
MIERDA.
¡MALDITA SEA!
JOLÍN, QUÉ RABIA.

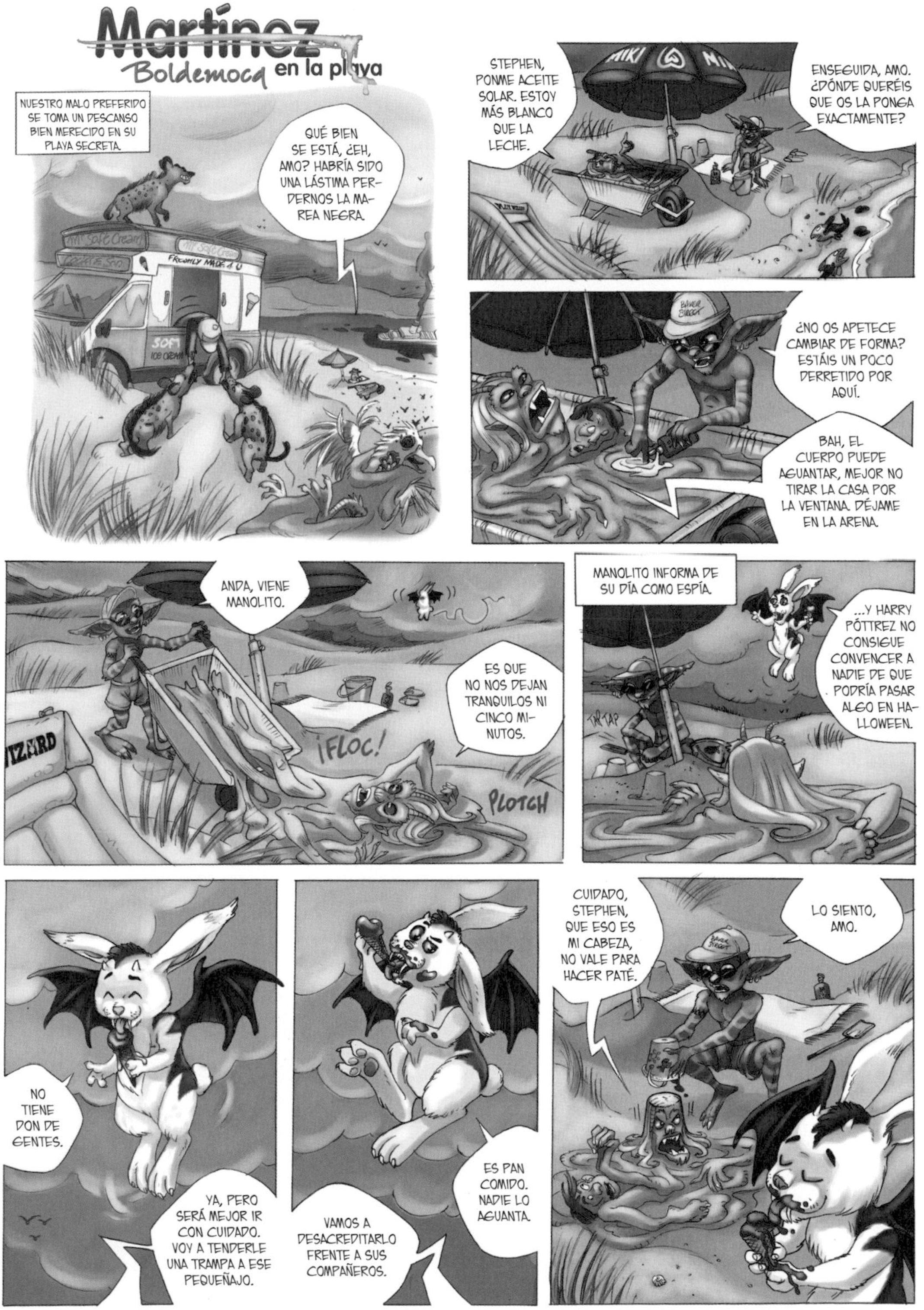
Martínez
Boldemoca en la playa
NUESTRO MALO PREFERIDO SE TOMA UN DESCANSO BIEN MERECIDO EN SU PLAYA SECRETA.
QUÉ BIEN SE ESTÁ, ¿EH, AMO? HABRÍA SIDO UNA LÁSTIMA PERDERNOS LA MAREA NEGRA.
STEPHEN, PONME ACEITE SOLAR. ESTOY MÁS BLANCO QUE LA LECHE.
ENSEGUIDA, AMO. ¿DÓNDE QUERÉIS QUE OS LA PONGA EXACTAMENTE?
¿NO OS APETECE CAMBIAR DE FORMA? ESTÁIS UN POCO DERRETIDO POR AQUÍ.
BAH, EL CUERPO PUEDE AGUANTAR, MEJOR NO TIRAR LA CASA POR LA VENTANA. DÉJAME EN LA ARENA.
ANDA, VIENE MANOLITO.
ES QUE NO NOS DEJAN TRANQUILOS NI CINCO MINUTOS.
¡FLOC!
PLOTCH
MANOLITO INFORMA DE SU DÍA COMO ESPÍA.
...Y HARRY PÓTTREZ NO CONSIGUE CONVENCER A NADIE DE QUE PODRÍA PASAR ALGO EN HALLOWEEN.
NO TIENE DON DE GENTES.
YA, PERO SERÁ MEJOR IR CON CUIDADO. VOY A TENDERLE UNA TRAMPA A ESE PEQUEÑAJO.
VAMOS A DESACREDITARLO FRENTE A SUS COMPAÑEROS.
ES PAN COMIDO. NADIE LO AGUANTA.
CUIDADO, STEPHEN, QUE ESO ES MI CABEZA, NO VALE PARA HACER PATÉ.
LO SIENTO, AMO.

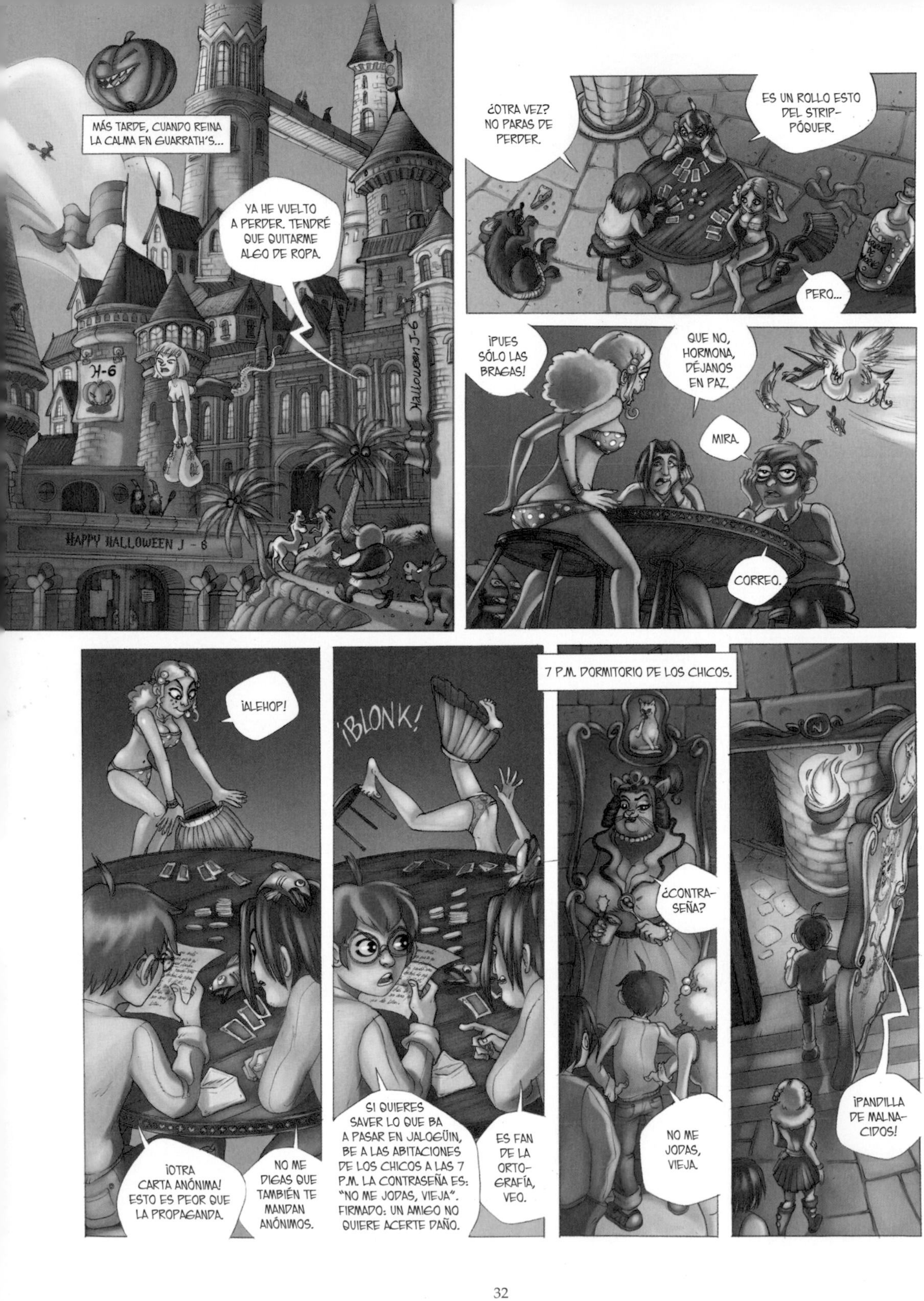
MÁS TARDE, CUANDO REINA LA CALMA EN GUARRATH'S...
YA HE VUELTO A PERDER. TENDRÉ QUE QUITARME ALGO DE ROPA.
H-6
HALLOWEEN J-6
HAPPY HALLOWEEN J - 6
¿OTRA VEZ? NO PARAS DE PERDER.
ES UN ROLLO ESTO DEL STRIP-PÓQUER.
PERO...
¡PUES SÓLO LAS BRAGAS!
QUE NO, HORMONA, DÉJANOS EN PAZ.
MIRA.
CORREO.
¡ALEHOP!
¡OTRA CARTA ANÓNIMA! ESTO ES PEOR QUE LA PROPAGANDA.
NO ME DIGAS QUE TAMBIÉN TE MANDAN ANÓNIMOS.
¡BLONK!
SI QUIERES SAVER LO QUE BA A PASAR EN JALOGÜIN, BE A LAS ABITACIONES DE LOS CHICOS A LAS 7 P.M. LA CONTRASEÑA ES: "NO ME JODAS, VIEJA". FIRMADO: UN AMIGO NO QUIERE ACERTE DAÑO.
ES FAN DE LA ORTO-GRAFÍA, VEO.
7 P.M. DORMITORIO DE LOS CHICOS.
¿CONTRA-SEÑA?
NO ME JODAS, VIEJA.
¡PANDILLA DE MALNA-CIDOS!

HARRY, ¡HORMONA ME ESTÁ SOBANDO!

¡PERO QUÉ MENTIROSO! TE AGARRO PARA NO CAERME.

UN POCO DE DISCRECIÓN, ¿EH?

HUM... NO HAY NADIE.

¡ALLÍ, MIRAD!

¡ES EL PERRO DEL CONSERJE!

QUÉ HORROR... INTENTARÉ RESUCITARLO.

¿ES IMPRES- CINDIBLE?

¡HA FALLADO!

AHORA LLEVA RUEDAS... MUY PRÁCTICO PARA SA- CARLO A PASEAR.

SERÍA MEJOR QUE NOS LARGÁSE- MOS DE AQUÍ... COMO NOS VEAN...

?

EJEM... HARRY...

MI PERRITO BONITO...

BUAAAA, MI ADOLFITO...

¡PÓTTREZ! DEBERÍA DARLE VERGÜENZA.

PERO...

¡MIRE CÓMO SE HA QUEDADO EL POBRE ANIMAL!

¿YA SE HA IDO?

SÍ, SEÑOR.

¡BIEN HECHO, PÓTTREZ!

?

¡¡AL FIN!!

NOS HAS QUITADO DE ENCIMA A ESE BICHO ASQUEROSO.

¡BUENA JUGADA!

AL DÍA SIGUIENTE, EN EL POLIDEPORTIVO DE GUARRATH'S, SE DISPUTA UN PARTIDO DE RETRETTITCH. ES LA GRAN FINAL.

ÉSTA ES LA TRIBUNA DE LOS VIP, DON-DE VEMOS A HAGRIO Y A SU COLEGA DOLBY, QUE HA IDO A POR PALOMITAS.

DOLBY, TE HE DICHO SALADAS, NO DULCES.

OOOOOH...

¡BONK! ¡BONK!

¡DOLBY MALO, DOLBY MALO!

SI NO PASA NADA.

¡DOLBY MERECE UN CASTIGO!

¡EH!

BRRRRRRRRM

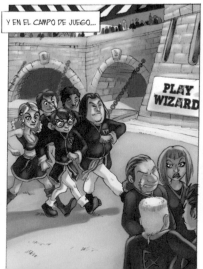

Y EN EL CAMPO DE JUEGO...

PLAY WIZARD

¡MIRAD! ¡EL EQUIPO CONTRARIO TIENE EL NUEVO MODELO!

¡QUÉ, GARRULOS! ESTÁIS IMPRESIO-NADOS, ¿EH?

¡¡UN TURBORRETRETE 2005!!

¡¡QUÉ NIVEL!!

¡QUÉ FUERTE!

FIJAOS: ASIENTO ACOLCHADO...

AMBIENTADOR EN LA TAZA...

TIRADOR ANTIDESLIZANTE... Y MUCHO MÁS.

NO ES JUSTO, ¡YO TENGO EL VIEJO!

BIENVENIDOS A LA GRAN FINAL DE RETRETTITCH, QUE ENFRENTARÁ...

A GLICERIN...

¡SON LO MÁS!

¡LOS MÁS DUROS!

¡DEUTSCHLAND ÜBER ALLES!

¡APLASTADLOS!

...¡Y A GILIFFINDOR!

¡DAIS PENA!

¡MEDIALECHES!

¡OSOS AMOROSOS!

LOS VENCEDORES GANARÁN FANTÁSTICOS PREMIOS: ¡UN FRIGORÍFICO, UN KARAOKE Y UN DVD MÁGICO!

¿UN DVD MÁGICO? ¡QUÉ GUAY!

¿QUÉ ES?

ES UN DVD CON EL QUE PUEDES VER LO QUE QUIERAS. SÓLO FUNCIONA UNA VEZ.

¡ESTUPENDO! ¡O SEA QUE PODREMOS VER LA SERIE DE TV STAR WARS ANTES QUE NADIE!

¡NO, INÚTIL! DEBEMOS DESCUBRIR LOS PLANES DE BOLDEMOCO PARA HALLOWEEN!

¡TENEMOS QUE GANAR CUESTE LO QUE CUESTE!

¡SOLTAD LOS DESATASCADOGERS!

¡Y AHÍ ESTÁ EL PAPELHIGIESNITCH! SI ALGUNO DE LOS JUGADORES CONSIGUE ATRAPARLO, ¡GANA EL PARTIDO!

¡EMPIEZA EL JUEGO! ¡LA ESCÓBIFFEL ESTÁ EN EL AIRE!

¡Y GLICERIN MARCA EL PRIMER TANTO!

¡FLOC!

¡PARECE QUE HARRY PÓTTREZ ESTÁ DECIDIDO A CONSEGUIR EL PAPELHIGIESNITCH!

¡LE SIGUE DE CERCA
TRANCO MALAFOYA!

¡GRACIAS A LA CÁMARA MÁGICA
PODEMOS SEGUIR A LOS CONTRIN-
CANTES DESDE FUERA, A TRAVÉS DE
LAS PANTALLAS GIGANTES!

PARECE QUE...

¡SÍ!

CONTINÚA LA PERSECUCIÓN EN LAS CLOACAS... ¡QUÉ ASCO!

¡NO! QUÉ RABIA, HAY INTERFERENCIAS.

¡AHÍ ESTÁN DE NUEVO! ¡SE DIRIGEN AL MUSEO OCEANOGRÁFICO!

¡QUÉ TENACIDAD, QUERIDOS ESPECTA-DORES! ¡NO QUIEREN DEJARLO ESCAPAR!

¿¡OTRA VEZ?!

AHÍ ESTÁN... EN... HUM... QUÉ RARO, NO RECONOZCO EL LUGAR.

LA FUERZA, HARRY... ¡APRIETA EL CULO CON FUERZA!

HAY QUE VER QUÉ SISTEMA MÁS CUTRE NOS HAN PUESTO.

¡Y AHORA DESCIENDEN AL VESTÍBULO DEL AEROPUERTO!

EL PAPELHIGIESNITCH SE HA ESCONDIDO EN LOS ASEOS...

LOS JÓVENES CONTRINCANTES DUDAN...

OPEN ZEDORÜM

¡BLAM!

¡BLAM!

¡BLAM!

¡EH!

¡AHÍ LO TENEMOS!

¡ESOS ESTÁN COMO UN CENCERRO!

¡TORRE DE CONTROL! ¡UNOS CHALADOS VAN EN VUM SOBRE LA PISTA!

Y AL MISMO TIEMPO HAY QUE BORRAR LA MEMORIA DE LOS MUGGRES QUE HAN SIDO TESTIGOS DE LA PERSECUCIÓN.

A VER, MIREN HACIA AQUÍ, POR FAVOR...

FFCHHHHH

?!

¡YA ESTÁ!

¡FLASH!

UN HURRA POR ALZHEIMER. HIP, HIP...

40

¡Y DE NUEVO ENTRAN EN EL TERRENO DE JUEGO!

¡PORRÓN WHISKY HA TIRADO DE LA CADENA DE SU VIEJO MODELO TURCO, Y EL PAPELHIGIESNITCH LOGRA ESCAPAR!

¡Y HARRY PÓTTREZ CONSIGUE ATRAPARLO!

??

¡NO! ¡TRANCO MALAFOYA ESTÁ A PUNTO DE COGERLO!

¡PERO...!

¡GILIFFINDOR GANA EL PARTIDO!

¡A LA PUTA CALLE!

¡YUUP!

¡A CASA CON MAMÁ!

MÁS TARDE...

¿CÓMO SE HACE?

PON EL DVD MÁGICO EN EL REPRODUCTOR.

LIKE A VIRGIN... ¡UH!

QUEREMOS SABER LO QUE BOLDEMOCO SE TRAE ENTRE MANOS.

VALE, GUAY, ¿TE LO PONGO EN 16/9 Y EN ESTÉREO?

TOUCHED FOR THE VERY FIRST TIME...

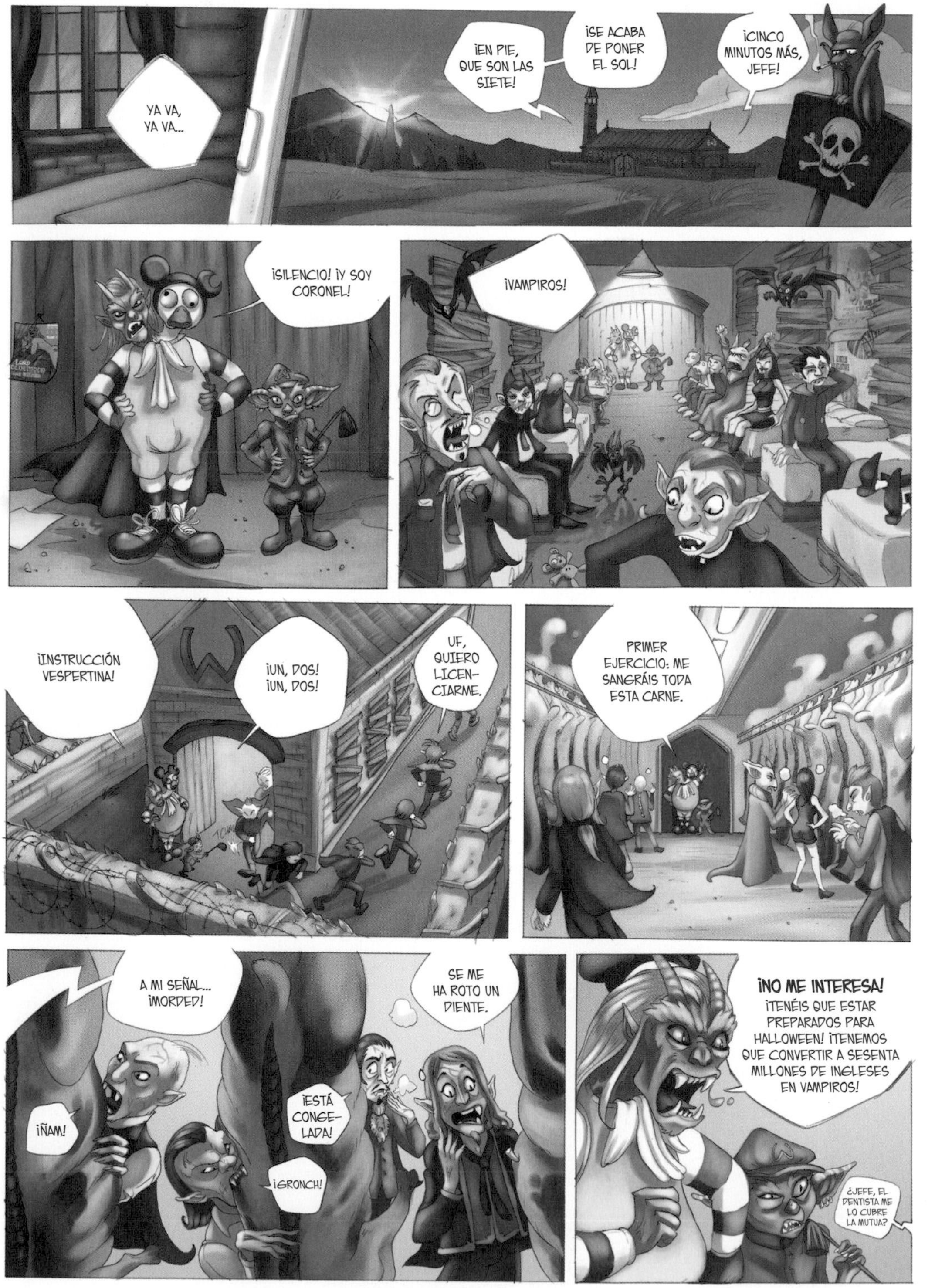
YA VA, YA VA...
¡EN PIE, QUE SON LAS SIETE!
¡SE ACABA DE PONER EL SOL!
¡CINCO MINUTOS MÁS, JEFE!
¡SILENCIO! ¡Y SOY CORONEL!
¡VAMPIROS!
¡INSTRUCCIÓN VESPERTINA!
¡UN, DOS! ¡UN, DOS!
UF, QUIERO LICEN-CIARME.
PRIMER EJERCICIO: ME SANGRÁIS TODA ESTA CARNE.
A MI SEÑAL... ¡MORDED!
¡ÑAM!
SE ME HA ROTO UN DIENTE.
¡ESTÁ CONGE-LADA!
¡GRONCH!
¡NO ME INTERESA!
¡TENÉIS QUE ESTAR PREPARADOS PARA HALLOWEEN! ¡TENEMOS QUE CONVERTIR A SESENTA MILLONES DE INGLESES EN VAMPIROS!
¿JEFE, EL DENTISTA ME LO CUBRE LA MUTUA?

ARRASTRA LOS CO-ODOS. COGE LA BIBLIA A DOS MANOS, PRIMO.

¡MADRE DE DIOS! ¡VA A DESEMBARCAR EN INGLATERRA CON UN EJÉRCITO DE VAMPIROS!

ENTONCES NO PASA NADA, LOS ÚNICOS QUE CORREN PELIGRO SON LOS MUGGRES.

NO, PORRÓN...

AUNQUE SEAN TODOS UNOS CAPULLOS, NO PODEMOS DEJAR QUE LES CHUPEN LA SANGRE SIN MÁS.

¡MORDED, ATAJO DE GANDULES!

MAGIC player

¡YA LO TENGO! ¡IRÉ A LA BBC!

AL DÍA SIGUIENTE, HARRY ACUDE A LA SEDE DE LA PRESTIGIOSA BBC.

LOS PRESTIGIOSOS PASILLOS DE LA BBC...

¡A LA MIERDA! ¡CABRÓN! ¡HIJO PUTA!

HUMAN RESOURCES

BBC

EL PRESTIGIOSO DESPACHO DEL DIRECTOR DE PROGRAMACIÓN DE LA BBC...

JI, JI... SOY UNA SECRETARIA MUY TRAVIESA...

JA, JA... ENTONCES TENDRÁS QUE DARLE JABÓN A TU JEFE...

CREO QUE HA ENTRADO ALGUIEN, SEÑOR DIRECTOR.

AJÁ, ¿PUEDO AYUDARTE EN ALGO, JOVENCITO?

HARRY EXPONE EL OBJETO DE SU VISITA.

¿QUÉ? ¡NI HABLAR!

¿TE HAS CREÍDO QUE EN LA BBC PUEDES ENTRAR Y SALIR COMO PEDRO POR SU CASA?

PUES LO SIENTO. A GRANDES MALES, GRANDES REMEDIOS.

?!

SALDRÉ EN EL PROGRAMA.

SÍ, SEÑOR PÓTTREZ. LO QUE ORDENE, SEÑOR PÓTTREZ.

¿PUEDO SALIR DE LA DUCHA, SEÑOR DIRECTOR?

EL DÍA D, O MEJOR DICHO LA NOCHE N, LLEGA POR FIN. BOLDEMOCO SE PREPARA PARA DESEMBARCAR CON DISCRECIÓN EN INGLATERRA.

¡GO! ¡GO! ¡GO!

Y PARA ATACAR POR EL AIRE...

¡GO! ¡GO! ¡GO!

POF

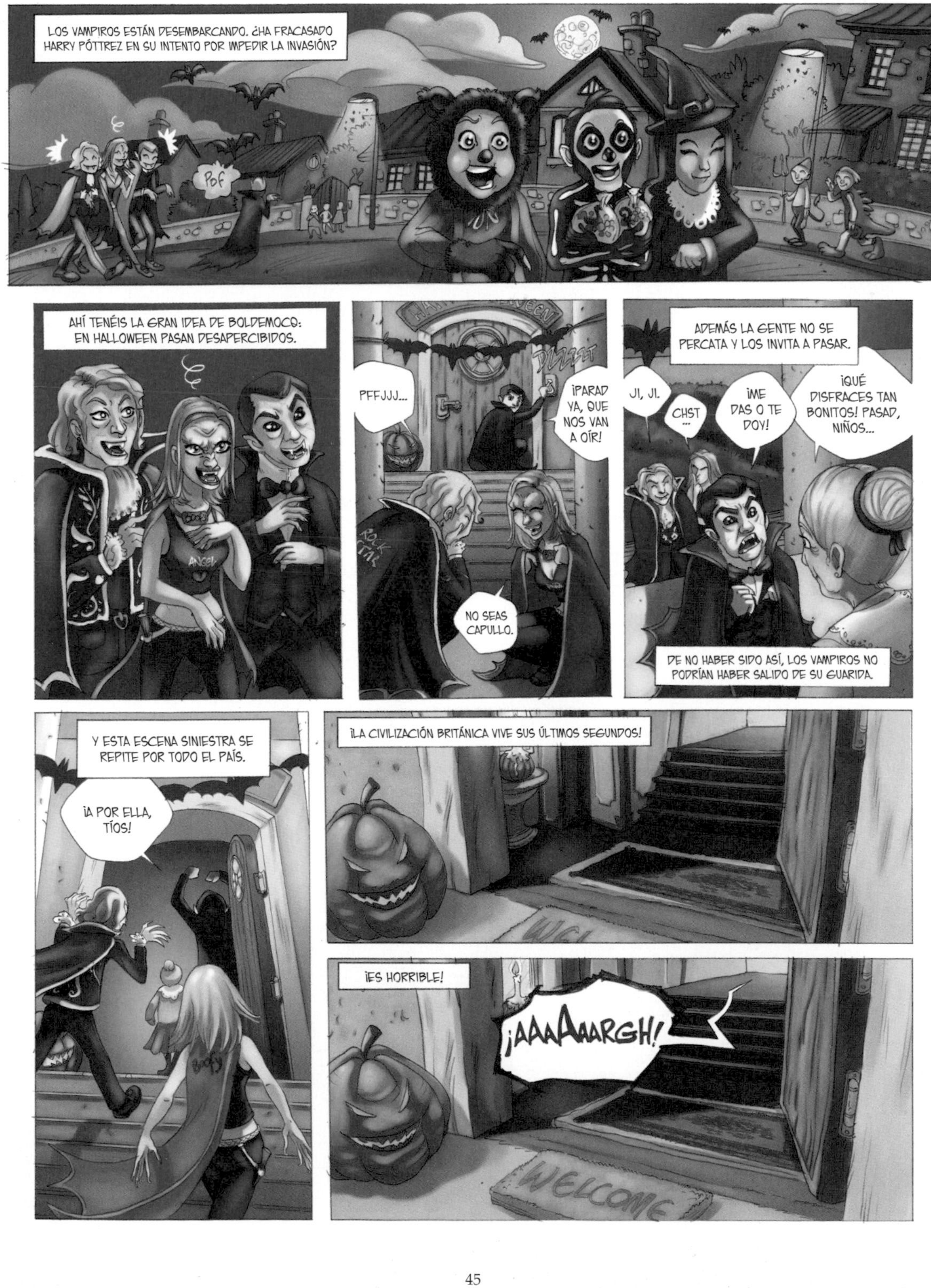

LOS VAMPIROS ESTÁN DESEMBARCANDO. ¿HA FRACASADO HARRY PÓTTREZ EN SU INTENTO POR IMPEDIR LA INVASIÓN?
POF
AHÍ TENÉIS LA GRAN IDEA DE BOLDEMOCO: EN HALLOWEEN PASAN DESAPERCIBIDOS.
PFFJJJ...
¡PARAD YA, QUE NOS VAN A OÍR!
NO SEAS CAPULLO.
ADEMÁS LA GENTE NO SE PERCATA Y LOS INVITA A PASAR.
JI, JI.
CHST...
¡ME DAS O TE DOY!
¡QUÉ DISFRACES TAN BONITOS! PASAD, NIÑOS...
DE NO HABER SIDO ASÍ, LOS VAMPIROS NO PODRÍAN HABER SALIDO DE SU GUARIDA.
Y ESTA ESCENA SINIESTRA SE REPITE POR TODO EL PAÍS.
¡A POR ELLA, TÍOS!
¡LA CIVILIZACIÓN BRITÁNICA VIVE SUS ÚLTIMOS SEGUNDOS!
¡ES HORRIBLE!
¡AAAAaaARGH!
WELCOME

PERO...

PARECE QUE LOS VAMPIROS SE TOPAN CON UNA RESISTENCIA IMPREVISTA.

Y AQUÍ OCURRE LO MISMO. ¿QUÉ ESTÁ PASANDO?

POCO DESPUÉS.

Y GRACIAS A LA MAGIA, OBLIGUÉ AL DIRECTOR A DEJARME SALIR EN POR SU CUENTA Y RIESGO.

¿EL PROGRAMA DE COCINA QUE ES LA ENVIDIA DEL MUNDO ENTERO?

NO DIJE NADA DE LOS VAMPIROS, PERO HICE UN HECHIZO PARA MODIFICAR LA RECETA DEL DÍA.

HOY LE DAREMOS UN TOQUE DE AJO: BASTARÁ CON UN KILO O DOS.

Por su cuenta y riesgo

Y OTRO PARA QUE TODO EL MUNDO VIERA EL PROGRAMA Y COCINASE ESA RECETA.

PELA MÁS AJOS, CHARLES, ¡CON ÉSTO NO TENEMOS NI PARA EMPEZAR!

HAGO LO QUE PUEDO, MAMÁ.

TODO EL MUNDO COMIÓ ESE PLATO, Y CUANDO LOS VAMPIROS QUISIERON MORDERLES...

¡AAAAAAAH!

¡NO! ¡PIEDAD!

¡EL ALIENTO A AJO HIZO EL EFECTO DESEADO!

?

¡¡AARGH!!

INCREÍBLE.

ERES UN GENIO, HARRY.

BAH, NO ES NADA.

...UNA INTOXICACIÓN ALIMENTARIA EN TODO EL PAÍS, DEBIDO A UNA RECETA FRANCESA...

Y MIENTRAS LOS BUENOS ESTÁN TAN CONTENTOS, LOS MALOS...

VAYA POR DIOS, OTRA VEZ HEMOS FRACASADO.

SÓLO NOS QUEDA VOLVER A CASA, AMO.

ESO ESTAMOS INTENTANDO, CRETINO.

SONREÍD, QUE VIENE ALGUIEN.

¡SPLAOOUCH!

DESPUÉS DE TODAS ESTAS AVENTURAS, HARRY PUEDE VOLVER A CASA Y SABOREAR LA DULCE SENSACIÓN DEL HOGAR.

ATKINS 1856

¿HAY ALGUIEN?

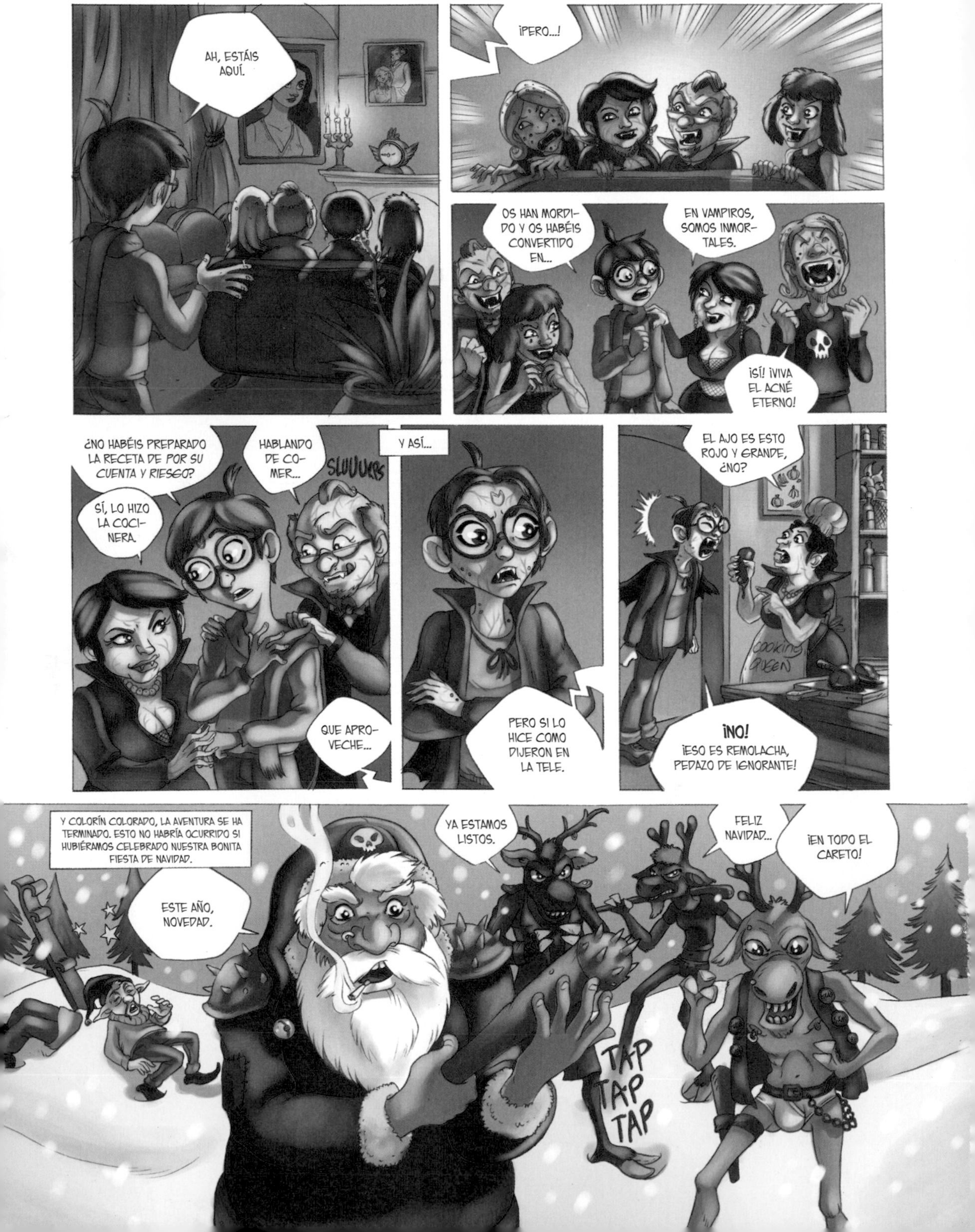
AH, ESTÁIS AQUÍ.
¡PERO...!
OS HAN MORDIDO Y OS HABÉIS CONVERTIDO EN...
EN VAMPIROS, SOMOS INMORTALES.
¡SÍ! ¡VIVA EL ACNÉ ETERNO!
¿NO HABÉIS PREPARADO LA RECETA DE POR SU CUENTA Y RIESGO?
SÍ, LO HIZO LA COCINERA.
HABLANDO DE COMER...
SLUUURPS
QUE APROVECHE...
Y ASÍ...
PERO SI LO HICE COMO DIJERON EN LA TELE.
EL AJO ES ESTO ROJO Y GRANDE, ¿NO?
COOKING QUEEN
¡NO!
¡ESO ES REMOLACHA, PEDAZO DE IGNORANTE!
Y COLORÍN COLORADO, LA AVENTURA SE HA TERMINADO. ESTO NO HABRÍA OCURRIDO SI HUBIÉRAMOS CELEBRADO NUESTRA BONITA FIESTA DE NAVIDAD.
ESTE AÑO, NOVEDAD.
YA ESTAMOS LISTOS.
FELIZ NAVIDAD...
¡EN TODO EL CARETO!
TAP TAP TAP

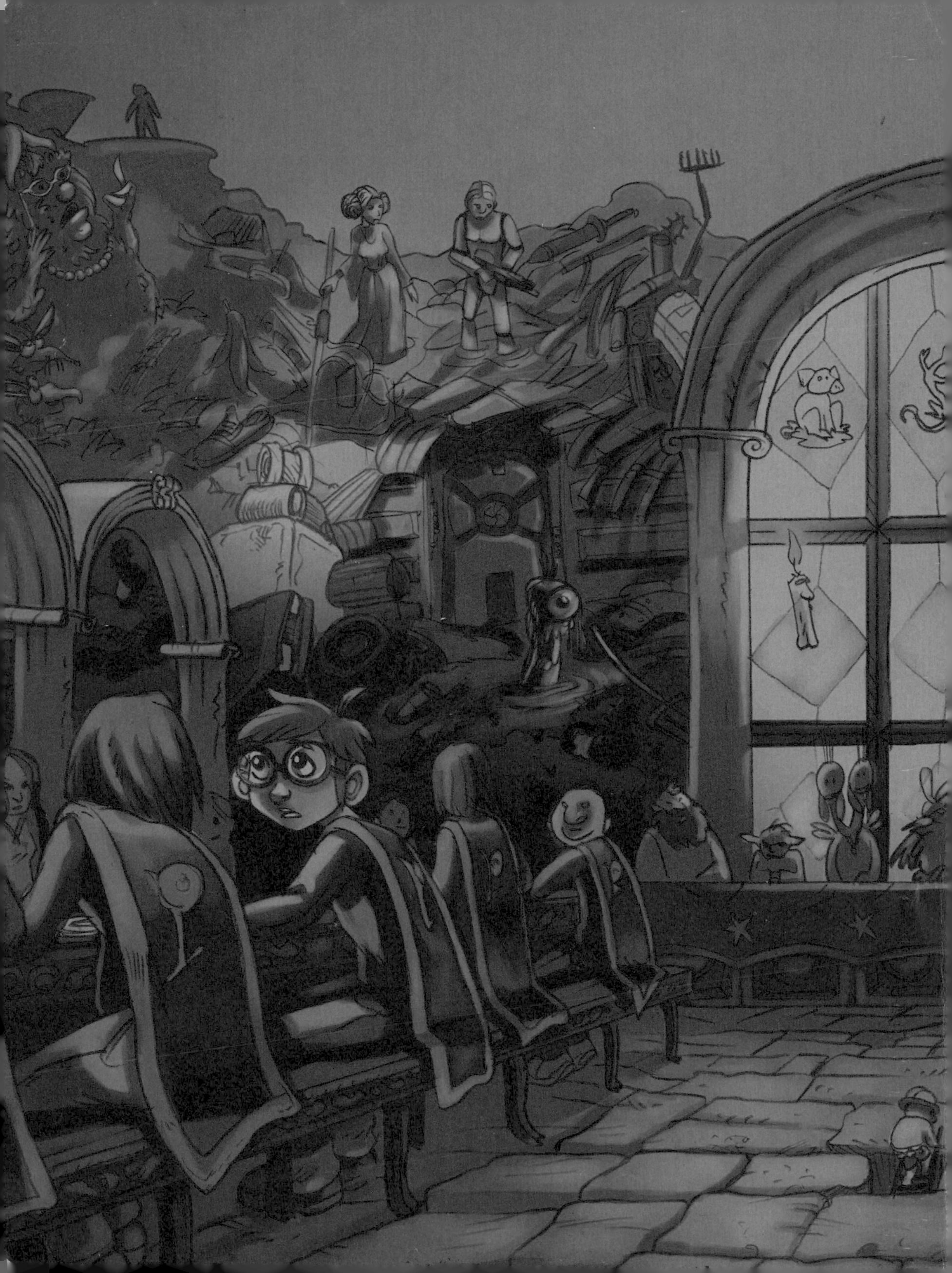